Ganz aktuell – Rope Skipping

Erinnern Sie sich noch an Ihre Kindheit? Damals hieß Rope Skipping noch Seilspringen und wurde vorwiegend von Mädchen durchgeführt.
Was vor nicht allzu langer Zeit eine Domäne der Kids war, ist heute ein aktueller Fitness-Spaß für Erwachsene. Wie so vieles in der Fitness-Szene wurde Rope Skipping in den USA entwickelt. Es ist durch den Einsatz neuartiger Seilmaterialien gekennzeichnet, die neue Sprungmöglichkeiten und ein angenehmes Sprunggefühl bieten. Rope Skipping eignet sich nicht nur für den 6- bis 80-jährigen Breitensportler, sondern ist auch bei schlechtem Wetter ein wirkungsvoller Trainingsersatz für Läufer und Radfahrer.

Fit wie ein Profi!

Die Boxer machen es schon ewig, die Schwimmer ebenfalls und mittlerweile wissen auch die amerikanischen Basketballer und die Fußballspieler der Bundesliga die vielfältigen Vorteile von Rope Skipping für die unterschiedlichsten Zwecke zu nutzen. Man kann es als ganzjährige Trainingsergänzung zur Verbesserung von Ausdauer, Kraft und Koordination in allen Sportarten einsetzen.

Spaß und Fitness mit Rope Skipping!

»Rope Skipping ist anders als andere Ausdauersportarten«, sagt Dr. Thomas Wessinghage, Chefarzt und ärztlicher Direktor der Rehaklinik Saarschleife. Aufgrund seiner enormen Dynamik ist Rope Skipping ein ideales Fitnessprogramm für Erwachsene. Also, let's jump!

Bevor es losgeht ...

Wenn Sie richtig mit dem Seil springen, können Sie viele motorische Fähigkeiten und Fertigkeiten zeiteffizient und somit effektiv trainieren. Dadurch verbessern Sie Ihren Gesundheits- und Fitnesszustand.

Gesundheitliche Aspekte und Vorteile

Rope Skipping verbrennt im Vergleich zum Laufen etwa dreimal so viele Kalorien und fördert somit den Fettabbau. Wenn Sie also 10 Minuten ohne Pause bei 130 bpm springen, verbrennt Ihr Körper ungefähr genau so viele Kalorien wie bei einem 30-minütigen Waldlauf. Denken Sie aber auch an das Warm-up vor dem Springen und das Cool-down sowie die Dehnung der Muskulatur nach dem Springen, was ebenfalls Zeit in Anspruch nimmt! Regelmäßiges Rope-Skipping-Training fördert zudem Ausdauer, Kraft, Koordination und eine aufrechte Haltung.

Die Ausdauerleistungsfähigkeit

Die Funktionen des Herz-Kreislauf-Systems werden ökonomisiert und die Strukturen positiv beeinflusst. Durch ein regelmäßiges Rope-Skipping-Training verbessern Sie Ihr Durchhaltevermögen (einzelne Sprungphasen dauern länger, die Gesamttrainingsdauer erhöht sich) und die Erholungsfähigkeit nach dem Training.

Die Kraft

Durch das Training schulen Sie die Kraftausdauer (Ermüdungswiderstandsfähigkeit der Muskulatur) und die Schnellkraft (schnellere Kraftentwicklung). Die Muskulatur des Unterkörpers wird durch den so genannten aktiven Vorfußabdruck gut trainiert. Aber auch die Arm- und Schultergürtelmuskulatur sowie die gesamte Rumpfmuskulatur (Bauch und Rücken) erfahren einen Trainingseffekt.

Die Koordination

Die Bewegungskoordination, die durch das Zusammenspiel verschiedener Muskelgruppen vor dem Hintergrund der zielgerichteten Bewegung gekennzeichnet ist, wird durch die Vielzahl der Sprungvarianten und Kombination verbessert.
Rope Skipping fördert besonders die Gleichgewichts-, Reaktions- und Koppelungsfähigkeit und beugt vor allem Verletzungen vor. Durch spezielle Übungen verbessern Sie die so genannte Kreuzkoordination und somit das Zusammenarbeiten der beiden Gehirnhälften. Die Vorteile des Trainings liegen im Abbau von Stress, in der Schulung des Körperbewusstseins und in der Erhöhung der Denkfähigkeit.

Die aufrechte Haltung
Die Bauch- und Rückenmuskulatur muss während des gesamten Trainings statisch halten und somit arbeiten!

Wer darf springen?

Grundsätzlich können alle gesunden Personen Rope Skipping durchführen. Besonders Einsteiger sollten die Belastungsintensität während des Trainings kontrollieren, um eine Überlastung zu vermeiden (siehe Seite 12). Menschen mit Gelenkproblemen, zum Beispiel an den Knie- oder Hüftgelenken, sowie Personen mit Problemen an der Wirbelsäule sollten ihr Augenmerk lieber auf »non-impact« Bewegungen wie Aqua Fitness oder Radfahren legen.

Seile

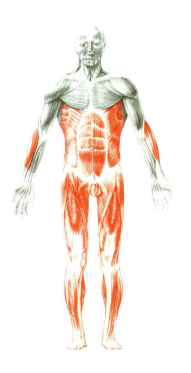
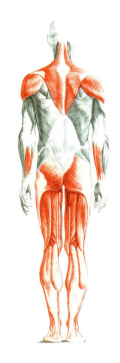

Bei den Abbildungen sind alle Muskelgruppen markiert, die beim Seilspringen beansprucht werden.

Um eine Trainingseinheit Rope Skipping durchführen zu können, benötigt man natürlich ein Seil. Im Handel sind unterschiedliche Seilmaterialien erhält-

lich, die sich vor allem durch ihre Qualität und Schwungeigenschaften unterscheiden. Die herkömmlichen Hanfseile haben schon lange ausgedient. Bestimmt merken auch Sie den Unterschied!

Tipp

Das Seil passt in jede Hosentasche. Ob auf Reisen im Hotelzimmer, an der Strandpromenade, im Büro oder zu Hause – springen können Sie fast überall. Viel Spaß dabei!

Speed Ropes

Diese Seile eignen sich besonders für Einsteiger. Sie bestehen aus besonders robustem Kunststoff, sind angenehm leicht und leichtläufig. Speed Ropes besitzen Hohlgriffe, in denen sich das eigentliche Seil dreht.
Weitere Seilmaterialien sind:

Beaded Ropes

Die so genannten Perlenseile werden verwendet von fortgeschrittenen Skippern, bei Partnersprungformen und Showvorführungen.

Double Dutch Seile

Diese Seile nennt man auch »Doppelter Holländer«, sie eignen sich für Gruppensprungformen, wobei die beiden langen Seile von zwei Schwingern gegeneinander geschlagen werden.

Die weitere Ausrüstung

▲ Tragen Sie zum Training angenehme Kleidung aus funktionellen Materialien. Günstig sind enganliegende Shirts und Hosen, da zum Beispiel weite Hosenbeine den Seilschwung behindern können.

▲ Tragen Sie festes Schuhwerk, das dem Fuß und besonders dem Fußgelenk einen zusätzlichen Halt bietet. Die Schuhe sollten vor allem im Vorfußbereich ein Dämpfungssystem aufweisen, leicht und angenehm im Tragekomfort sein.

▲ Lassen Sie sich vor dem Einkaufen umfassend beraten und testen Sie die Ausrüstung bei einem Sportfachhändler Ihres Vertrauens. Hören Sie dabei auch auf Ihren Körper!

Die Grundlagen für das Üben

Seillänge

Das Seil muss auf Ihre Körpergröße eingestellt sein, um die optimale Sprungtechnik zu gewährleisten. Ist das Seil zu kurz, werden häufig die Beine extrem angezogen, die Sprunghöhe ist zu hoch und somit unökonomisch, da Sie schneller ermüden und die Belastung auf den Körper unnötig groß ist. Ein zu langes Seil schlendert in der Luft, verheddert sich leicht und Sie bleiben häufig im Seil hängen.

Für die optimale Einstellung des Seils stellen Sie sich mit beiden Füßen auf die Seilmitte. Die Griffenden sollten bis zu den Achseln reichen. Stellen Sie ein zu langes Seil auf Ihre Körpergröße ein. Je nach Seil stehen Ihnen unterschiedliche Möglichkeiten zur Verfügung. Achten Sie auf die Beschreibung des Herstellers. Auf keinen Fall sollten Sie die Seilenden um die Hände wickeln. Bei den Speed Ropes empfiehlt es sich, ca. 10 Zentimeter unterhalb des Hohlgriffes Knoten zu machen.

Haltung

Stehen Sie aufrecht, die Beine sind leicht gebeugt und hüftbreit geöffnet. Spannen Sie die Bauch-, Rücken- und Gesäßmuskulatur an. Der Kopf ist aufgerichtet und Sie blicken geradeaus. Ein Tipp beim Springen: Suchen Sie sich auf Augenhöhe einen Punkt an der Wand. Den Punkt sollten Sie während des Springens anvisieren. Somit gewährleisten Sie beim Skippen eine aufrechte Haltung mit angehobenem Brustbein!

Armtechnik

Die Oberarme liegen beim Springen eng am Körper an, die Schultern sind entspannt. Der Oberarm-Unterarm-Winkel beträgt mehr als 90 Grad. Die Schwungbewegung kommt nur aus dem Handgelenk, lediglich beim Anschwung des Seils ist der Arm beteiligt. Fassen Sie mit den Händen entspannt die Griffe. Kein Finger bremst dabei das Seil.

Tipp
Üben Sie die Armtechnik bereits in der Aufwärmphase. Spezielle Übungen finden Sie auf Seite 27.

Fußtechnik und Sprunghöhe

Beim Springen werden die Beine gestreckt. Die Sprunghöhe sollte gerade so hoch sein, dass das Seil hindurch passt, das heißt maximal 2 Zentimeter vom Boden weg.
Achten Sie bei der Landung darauf, dass Sie zuerst mit dem Fußballen aufsetzen und dann den Fuß bis zur Ferse abrollen. Die Knie werden dabei gebeugt und federn somit die Stoßbelastungen ab.

Musik

Mit Musik geht bekanntlich alles besser. Suchen Sie sich Musik, die Ihnen gefällt und die Sie motiviert, aber achten Sie auf die richtige Geschwindigkeit.
120 bis 140 bpm (beats per minute = Schläge pro Minute) sind optimal. Einsteiger trainieren bei 120 bis 130 bpm, Fortgeschrittene bis 140 bpm.
Je schneller die Musik, nach der Sie skippen, desto intensiver das Training und um so höher die Belastung für den Körper.
Die Musikrichtungen Hip Hop und Funk sind zum Skippen überhaupt nicht geeignet.

Platzbedarf

Für Rope Skipping benötigen Sie ausreichend Platz. Damit Sie sich während Ihres Trainings wohl fühlen und das Seil nicht anschlägt, sind 4 bis 6 m² ideal. Planen Sie mehr Platz ein, wenn Sie Raumbewegungen in Ihr Programm einbauen.

Wie lerne ich einen Trick?

Mit Trick bezeichnen wir einen Sprung. Eine Routine ist eine Sprungfolge, die aus mehreren Tricks besteht. Um eine Bewegung oder Übungsform, in unserem Fall einen Trick oder eine Routine zu erlernen, können wir verschiedene methodische Wege wählen. Das heißt, der methodische Weg zum Erlernen eines Tricks ist von Sprung zu Sprung unterschiedlich. Tricks für Einsteiger werden ab Seite 13 erklärt, Tricks für Fortgeschrittene ab Seite 21. Versuchen Sie nicht, alles auf einmal zu lernen. Dadurch verlieren Sie schnell die Lust am Springen, weil Sie nicht die Fortschritte machen, die Sie sich vorgenommen haben. Arbeiten Sie langsam und stetig, dann erreichen Sie auch mit der Zeit Ihre Ziele.

Info

Versuchen Sie »methodisch« zu arbeiten, das heißt, üben Sie erst leichte Sprünge und wagen Sie sich später an schwierigere.
- Üben Sie den Trick erst einmal ohne Seil.
- Springen Sie den Trick und schwingen Sie das Seil zunächst neben dem Körper. Üben Sie mehrmals mit der rechten Hand und dann mehrmals mit der linken Hand. Achten Sie hier bereits auf die Armtechnik:
   Die Ellbogen liegen am Körper an.
   Die Schwungbewegung kommt aus dem Handgelenk.
- Springen Sie den Trick im Seil.

Belastungssteuerung

Rope Skipping ist in Bezug auf die Herz-Kreislauf-Belastung intensiver als Walking oder Rad fahren. Da Sie durch die Sprungbewegungen relativ schnell in hohe Intensitätsbereiche kommen, sollten Sie die Belastungshöhe während des Trainings kontrollieren, um eine Überlastung des Körpers zu vermeiden. Folgende Möglichkeiten stehen zur Verfügung:

> **Formel zur Errechnung Ihrer Trainingsherzfrequenz:**
> **Männer:** (220 – Lebensalter) x Intensität
> **Frauen:** (226 – Lebensalter) x Intensität
>
> **Beispiel:**
> Trainingsherzfrequenz für einen 40-jährigen Mann
> 65 Prozent   (220 – 40) x 0,65 = Herzfrequenz 117
> 85 Prozent   (220 – 40) x 0,85 = Herzfrequenz 153
> Der 40-jährige Mann sollte mit einer Herzfrequenz zwischen 117 und 153 trainieren.

Subjektives Belastungsempfinden

Fragen Sie sich, wie Sie sich fühlen. Hören Sie in sich hinein und bewerten Sie Ihr Empfinden mit Hilfe von einer Skala, die von 1 bis 7 reicht (1 = sehr leicht belastet, 7 = sehr, sehr schwer). Bewegen Sie sich in einem Bereich zwischen 2 (leicht) und 5 (mittel bis schwer).

Puls-und Herzfrequenzmessung

Je höher die Herzfrequenz, desto höher ist die Belastung. Ideal ist die Kontrolle der Herzfrequenz während des Trainings mit einem Herzfrequenz-Messgerät. Trainieren Sie in einem Bereich zwischen 65 und 85 Prozent Ihrer maximalen Herzfrequenz. Legen Sie Gehpausen ein, sobald Ihre Herzfrequenz beim Training höher steigt. Je ungeübter Sie sind, desto schneller und höher steigt Ihre Herzfrequenz, weil der Körper noch nicht an die Belastung gewöhnt ist.

Atmung

Atmen Sie während des Trainings ruhig ein und aus. Wenn die Belastung zu hoch wird, erhöht sich die Atemfrequenz, ein roter Kopf und das Schnappen nach Luft sind die Anzeichen.

Tricks für Einsteiger

Easy Jump – Der Einfache

Der Easy Jump ist der einfachste Sprung und der Grundsprung, aus dem viele andere Tricks aufgebaut und ausgeführt werden.
▲ Springen Sie mit geschlossenen Füßen nach oben.
▲ Springen Sie ohne Zwischensprünge, das heißt, bei jedem Sprung läuft das Seil einmal unter den Füßen durch.
▲ Achten Sie auf die richtige Armtechnik!

Variation
▲ Springen Sie einbeinig auf dem rechten Bein! Wechseln Sie auf das linke Bein.

Methodischer Aufbau
▲ Grundsprung ohne Seil üben, halbes Tempo.
▲ Grundsprung ohne Seil üben, Tempo.
▲ Seil geviertelt, geschwungen in der rechten Hand neben dem Körper, wiederholen mit der linken Hand.
▲ Seil halbiert, geschwungen in der rechten Hand neben dem Körper, wiederholen mit der linken Hand.
▲ Im Seil, Grundhaltung (Seite 8) einnehmen, Seil von hinten nach vorn schwingen, mit geschlossenen Beinen den Easy Jump springen.

Info
Variationsmöglichkeiten des Grundsprungs und der folgenden Tricks sind ab Seite 29 beschrieben!

Die folgenden Tricks für Einsteiger sind schnell und einfach zu erlernen. So können Sie bereits nach kurzer Zeit verschiedene Sprünge miteinander kombinieren und die Ausführung variieren. Viel Spaß dabei!

Skier – Skiläufer

Der Trick »Skier« ähnelt dem Slalom beim Skifahren, daher kommt auch der Name. Die seitliche Sprungbewegung mit dem Seil fordert besonders die seitlichen Körperstabilisatoren wie Rumpfmuskulatur, Abduktoren und seitliche Kniegelenkstabilisatoren.

▲ Springen Sie den Easy Jump. Beachten Sie die dort beschriebenen Hinweise!
▲ Springen Sie mit geschlossenen Beinen im Wechsel nach rechts und links.
▲ Optional können die Füße auch nacheinander aufgesetzt werden, vergleichbar mit dem Umsteigen.

Methodischer Aufbau

Legen Sie Ihr Seil längs auf den Boden.
▲ Springen Sie im langsamen Tempo rechts und links über das Seil.
▲ Schnelle Sprünge rechts und links über das Seil. Das Seil wird aufgenommen.
▲ Skier mit dem Seil geviertelt, geschwungen zunächst in der rechten, dann in der linken Hand.
▲ Führen Sie den gleichen Bewegungsablauf mit dem halbierten Seil aus.
▲ Wenn Sie diese Vorübung sicher beherrschen, klappt der Trick »Skier« bestimmt auch bald im Seil.

Bell – Glocke

▲ Springen Sie den Easy Jump. Beachten Sie die dort beschriebenen Hinweise!
▲ Springen Sie mit geschlossenen Beinen wie eine schwingende Glocke im Wechsel nach vorn und nach hinten.

Methodischer Aufbau

▲ Zunächst ohne Seil, halbes Tempo vor und zurück springen, zum Beispiel über eine gedachte Linie auf dem Boden.
▲ Ohne Seil, im Tempo vor und zurück springen.
▲ Seil geviertelt, geschwungen in der rechten und linken Hand, Bell springen.
▲ Seil halbiert, geschwungen in der rechten und linken Hand, Bell springen.

Forward Straddle – Schere

▲ Springen Sie den Easy Jump. Beachten Sie die dort beschriebenen Hinweise!
▲ Scheren Sie die Beine, das heißt, im Wechsel ist einmal der rechte und dann der linke Fuß vorn.

▲ Variante 1: Scheren (rechts vor), Füße zusammen, Scheren (links vor), Füße zusammen.
▲ Variante 2: Scheren, doppelt rechts, doppelt links, das heißt, im Wechsel ist zweimal der rechte und dann zweimal der linke Fuß vorn.

Twister — Hüftschwung

▲ Springen Sie den Easy Jump. Beachten Sie die dort beschriebenen Hinweise!

▲ Drehen Sie beim Springen Ihre Hüfte im Wechsel nach rechts und links.

▲ Achten Sie darauf, dass die Arme und die Schultern nach vorn ausgerichtet sind. Nur die Hüfte bewegt sich.

▲ Variante 1: Hacke vor, Füße zusammen, Spitze zurück, Füße zusammen (= 4 Sprünge), Wechsel zum anderen Fuß.

▲ Variante 2: Hacke, Spitze, Füße zusammen (= 3 Sprünge), dann Wechsel zum anderen Fuß.

Heel-Toe-Tip – Hacke-Spitze

▲ Springen Sie den Easy Jump. Beachten Sie die dort beschriebenen Hinweise!

▲ Bringen Sie die rechte Ferse nach vorn auf den Boden, beim nächsten Sprung die rechte Spitze nach hinten auf den Boden.

▲ Wechseln Sie die Füße!

Kick Step – Kick nach vorn

▲ Springen Sie den Easy Jump. Beachten Sie die dort beschriebenen Hinweise!

▲ Kicken Sie den rechten Fuß nach vorn (= ein Sprung, ein Seildurchlauf) und bringen Sie die Füße wieder zusammen (= ein Sprung, ein Seildurchlauf).

▲ Wechseln Sie auf den linken Fuß!

Info

Generell werden alle Sprünge ohne Zwischensprung durchgeführt. Zwischensprünge gelten als Rhythmusvariationen (siehe Seite 29 f.).

Jog Step – Läufer

▲ Springen Sie den Easy Jump. Beachten Sie die dort beschriebenen Hinweise!
▲ Wechseln Sie in den Laufschritt, das heißt, die Füße setzen im Wechsel auf den Boden auf.
▲ Das Seil läuft bei jedem Schritt einmal um den Körper!

Der Jog Step bereitet vielen Menschen Probleme, wenn er im Seil ausgeführt werden soll. Die häufigste Ursache ist die fehlende Koordination von Armen und Beinen. Sollten Ausführungsprobleme auftreten, dann üben Sie den Jog Step mit Armschwungbewegungen (Seil halbiert) neben dem Körper. Mit jedem Schritt muss das Seil einmal auf dem Boden aufkommen.

Tricks für Fortgeschrittene

Criss Cross – Kreuzen

▲ Springen Sie den Easy Jump. Beachten Sie die dort beschriebenen Hinweise!
▲ Kreuzen und öffnen Sie die Arme im Wechsel vor dem Körper.

Jetzt wird es schon etwas schwieriger. Wenn Sie aber ein bisschen üben, beherrschen Sie bestimmt auch bald diese Tricks.

Tipp

Üben Sie bereits im Warm-up die Armbewegung. Kreuzen Sie die Arme vor dem Körper, bringen Sie dabei die Hände an die Hüftknochen. Die Arme müssen so weit gekreuzt werden, damit das Seil eine ausreichend große Schlaufe zum Hindurchspringen bilden kann.

Side Swing Criss Cross

Dieser Trick ist noch etwas schwieriger als der Criss Cross.
▲ Springen Sie den Criss Cross.
▲ Nach dem Kreuzen schwingen Sie das Seil seitlich am Körper vorbei und kreuzen dann erneut vor dem Körper.
▲ Wiederholen Sie die Schwungbewegung am Körper vorbei auf der anderen Körperseite und kreuzen Sie dann erneut.

Double Under

▲ Springen Sie den Easy Jump.
▲ Das Seil dreht sich bei einem Sprung zweimal um den Körper. Springen Sie deshalb kräftiger und höher nach oben ab. Beschleunigen Sie die Schwungbewegung im Handgelenk (ohne Foto).

x-it – Kreuzschritt

Dieser Trick ist koordinativ anspruchsvoll.
▲ Springen Sie den Side Straddle.
▲ Im Wechsel die Beine öffnen und kreuzen.

Side Straddle – Hampelmann

▲ Springen Sie den Easy Jump. Beachten Sie die dort beschriebenen Hinweise!
▲ Öffnen und schließen Sie die Beine im Wechsel, das heißt, springen Sie den Hampelmann.

Tipps

Öffnen Sie die Beine nur hüftbreit. Achten Sie darauf, dass die Knie in Richtung Fußspitzen zeigen. Vermeiden Sie X-Beine!

High Step – Knie heben

▲ Springen Sie den Easy Jump. Beachten Sie die dort beschriebenen Hinweise!

▲ Heben Sie das rechte Knie (= ein Sprung, ein Seildurchlauf) und bringen Sie die Füße wieder zusammen (= ein Sprung, ein Seildurchlauf).

▲ Wechseln Sie auf das linke Bein!

▲ Variante 1: Heben Sie das Knie mehrmals auf einer Seite (rechtes Knie heben, Beine schließen usw.).

▲ Variante 2: Heben Sie das Knie auf einer Seite jeweils zweimal (rechtes Knie heben, Beine schließen, rechtes Knie heben), schließen Sie die Beine und wiederholen Sie diesen Bewegungsablauf mit dem linken Bein.

▲ Variante 3: Wie Variante 2, kreuzen Sie das Bein vor dem Körper.

Can-Can

Dieser Trick kann als Weiterentwicklung der Variante 2 von dem High Step angesehen werden.

▲ Springen Sie den High Step.

▲ Heben Sie das Knie auf einer Seite jeweils zweimal.

▲ Heben Sie einmal das rechte Knie und einmal das gestreckte rechte Bein nach vorn, bevor Sie zum anderen Bein wechseln. Führen Sie also folgenden Bewegungsablauf aus: rechtes Knie heben, Beine schließen, gestrecktes rechtes Bein nach vorn heben, Beine schließen, Beinwechsel.

Tipps

• **Dehnen Sie vor Trainingsbeginn besonders die Oberschenkelrückseite!**
• **Heben Sie das Bein Ihren Fähigkeiten entsprechend hoch an.**

Die Gestaltung des Trainings

Eine Rope-Skipping-Stunde besteht aus den folgenden Teilen, die gleichberechtigt nebeneinander stehen und erst zusammen ein Ganzes ergeben: Warm-up, Hauptteil, Cool-down, Kräftigung und Dehnen.

Das Warm-up

Beim Warm-up wird der Körper auf die kommende Belastung vorbereitet, die Körpertemperatur erhöht sich und es erfolgt eine Einstimmung auf das Training. Das Warm-up sollte 5 bis 10 Minuten dauern und kann mit oder ohne Seil durchgeführt werden. Das Aufwärmprogramm sollte folgende Bereiche beinhalten:

Ganzkörperbewegungen

Führen Sie Bewegungen aus, bei denen ein Fuß auf dem Boden bleibt wie zum Beispiel das Marschieren auf der Stelle oder das Heben des rechten und linken Knies. Fitnessprofis können sich natürlich auch mit Übungen aus dem Aerobic aufwärmen: Step touch, leg curl, bounce, kick vor oder seit eignen sich zum Beispiel.

Beispiele für ein Aufwärmprogramm

Ziel 1	**Allgemeines Aufwärmen**
Vorbereitung	Das Seil ist geviertelt, die rechte und die linke Hand halten je ein Ende.
Marschieren	(Gehen am Platz) Ein- und ausatmen, dabei im Wechsel die Arme vor dem Körper nach oben heben (einatmen) und wieder senken (ausatmen), den Übungsablauf mehrmals wiederholen.
Kombination	• 8 Schritte nach vorn marschieren, die Arme heben. • Viermal die Ferse nach vorn führen (am Platz), die Arme kreuzen (Vorübung für den Criss Cross) • 8 Schritte nach hinten marschieren, die Arme heben. • Viermal die Ferse anheben, die Schultern rollen. • Dieser Bewegungsablauf wird mehrmals wiederholt.

Ziel 2	**Spezielles Aufwärmen**
Vorbereitung	Das Seil geviertelt in einer Hand halten.
Marschieren	• Schwingen Sie das Seil in der rechten Hand neben dem Körper, achten Sie auf die richtige Armtechnik! • Wechseln Sie das Seil in die linke Hand. Versuchen Sie das Seil während des Schwingens vor dem Körper in die andere Hand zu übergeben. • Wiederholen Sie den Wechsel mehrmals.
Jogging	• Wiederholen Sie die Abfolge!
Marschieren	• Schwingen Sie das Seil in der rechten Hand neben dem Körper. • Im Wechsel das Seil vor dem Körper kreuzen (das Seil schwingt auf die Gegenseite) und wieder zur rechten Seite öffnen. • Wiederholen Sie die Abfolge auf der linken Seite. • Wiederholen der Abfolgen mit halbiertem Seil!

Isolationsbewegungen

Mit diesen Bewegungen trainieren Sie gezielt bestimmte Körperbereiche, besonders die Fuß-, Knie- und Schultergelenke durch das Kreisen der Schulter oder Fußtaps. Die Ganzkörperbewegungen können mit Isolationsbewegungen oder mit verschiedenen vorbereitenden Seilschwüngen kombiniert werden, dadurch üben Sie bereits in der Aufwärmphase die spezielle Armtechnik.

Dynamische Dehnübungen

Dabei werden gezielt bestimmte Muskelgruppen durch das Einnehmen entsprechender Positionen gedehnt.
Achten Sie auf kleine Bewegungsamplituden und führen Sie 8 bis 20 Wiederholungen aus. Mögliche Dehnübungen finden Sie ab Seite 31.

Einstieg in das Seil

Variante 1
▲ Einsteigen in das Seil über das Marschieren mit dem Achterschwung!
▲ Die Arme vor dem Körper öffnen, mit geschlossenen Beinen in das Seil einspringen und den Easy Jump ausführen.

Variante 2
▲ Die Grundhaltung (siehe Seite 8) einnehmen.
▲ Das Seil von hinten nach vorn schwingen, mit geschlossenen Beinen in das Seil einspringen.

Info
Zu Beginn des Trainings sind Ihre Armtechnik und die Sprunghöhe vielleicht noch ineffizient. Mit jeder Übungsphase verbessern Sie sich jedoch. Kontrollieren Sie beim Springen Ihre Haltung und Technik! Am besten ist es, wenn Sie vor einem Spiegel üben.

Der Hauptteil

Ziele dieser Übungsphase sind die Verbesserung der Ausdauerfähigkeit und (Reaktions-)Schnelligkeit, die Förderung der Kraftausdauer, die Steigerung der Koordinationsfähigkeit, eventuell eine Gewichtsreduktion und natürlich der Spaß an der Bewegung.

Im Hauptteil erlernen Sie unterschiedliche Tricks, die Sie variieren und zu einer so genannten Routine zusammensetzen können.

Das Training ist gekennzeichnet durch den Wechsel von Phasen mit hoher Intensität und Phasen mit niedriger Intensität. Auf diese Art entsteht ein Intervalltraining. Sie werden merken, dass Sie am Anfang noch keine 30 Sekunden mit dem Seil springen können. Meistens reguliert sich die Intensität durch das »Hängenbleiben« im Seil wie von selbst. Setzen Sie sich nicht unter Druck, denn sonst überlasten Sie eventuell Ihren Körper.

Tipps
Achten Sie auf regelmäßige Pausen, ausgeglichene »Geh-Sprung-Intervalle« und eine ausreichende Aufnahme von Flüssigkeit während des Skipping-Teils! Stellen oder setzen Sie sich in den Pausen jedoch nicht hin, sondern bewegen Sie sich durch das Marschieren auf der Stelle.

Routine

Sie können die einzelnen Tricks hintereinander einführen und üben. Bei einer Routine führen Sie eine bestimmte Reihenfolge der Tricks mehrmals hintereinander durch.

nzahl	Trick	Raumbewegung
8	Easy Jump	Am Platz
8	Jog Step	Vor
4	Side Straddle	Am Platz
8	Forward Straddle	Am Platz
4	Easy Jump	Seit

Mit den vorgestellten Tricks können Sie in Kombination mit den folgenden Variationsmöglichkeiten unendlich viele Routinen selbst zusammenstellen. Koordinativ anspruchsvoller und interessanter wird Ihre Routine, wenn Sie von jedem Trick nur zwei oder sogar nur einen ausführen und somit verschiedene Tricks relativ schnell hintereinander zeigen.

Variationsmöglichkeiten

Bevor Sie einen neuen Trick einüben, sollten Sie die Tricks variieren, die Sie bereits beherrschen. Nachfolgend sind einige Möglichkeiten beschrieben. Sie werden merken, dass sich dadurch eine neue Herausforderung ergibt und das Training abwechslungsreicher und motivierender wird.

Seilschwungformen

Normalerweise schwingen Sie das Seil von hinten nach vorn. Die herkömmliche Seilschwungrichtung ist somit vorwärts. Wenn Sie einen Trick beherrschen, können Sie das Seil von vorn nach hinten schwingen. Halten Sie die Unterarme dabei leicht nach vorn gerichtet. Sie variieren das Seilspringen auch, wenn Sie das Seil im Wechsel rechts und links neben dem Körper vorbei schwingen. Die Handballen berühren sich dabei.

Raumbewegungen

Sie haben die Möglichkeit, sich während des Springens eines Tricks im Raum
▲ nach vorn,
▲ nach hinten,
▲ zur Seite oder
▲ diagonal
zu bewegen.

Wenn Sie sich zum Beispiel eine Sprungfolge unterschiedlicher Sprünge zusammengestellt haben, planen Sie im nächsten Schritt, welchen Trick Sie in welcher Richtung im Raum ausführen.

Rhythmus

▲ Tempo: Bei jedem Sprung erfolgt eine Seilumdrehung um den Körper.

▲ Halbes Tempo: Bei jeder Seilumdrehung um den Körper werden zwei Sprünge durchgeführt, man führt einen Doppel- oder Zwischensprung aus.

▲ Speed: Das Seilschwungtempo langsam erhöhen, die Sprünge werden schneller. Ein Beispiel dafür ist das doppelte Tempo.

Besonders anspruchsvoll sind Rhythmusvariationen, also Schwung- und Sprungwechsel, die besonders die Koordination von Armen und Beinen fordern.

> **Tipp**
>
> **Üben Sie folgende Routine:**
> • **Easy Jump:** achtmal Tempo, viermal halbes Tempo, einmal wiederholen
> • **Jog Step:** achtmal Tempo, 16-mal Speed, einmal wiederholen

Das Cool-down

Das Ziel der Abwärmphase ist das langsame Senken der Herzfrequenz auf das Ausgangsniveau. Wählen Sie Bewegungen, bei denen immer ein Fuß den Boden berührt wie Marschieren. Atmen Sie tief ein und aus, lockern Sie den Körper, besonders die Schultern und Fußgelenke.

Kräftigungsübungen

Sie dienen der Verbesserung der Kraftausdauer. Führen Sie mindestens zweimal pro Woche Kräftigungsübungen für die Bauch- und Rückenmuskulatur durch. Diese Muskeln gewährleisten die aufrechte Haltung und haben beim Seilspringen stützende und schützende Funktion.

Übungen sollen an dieser Stelle nicht beschrieben werden. Zu empfehlen sind die Bücher »Body-Styling Bauch«, »Body-Styling Rücken« und »Body-Styling Po« aus der gleichnamigen Reihe »blv fitness«.

Dehnübungen

Am Ende des Trainings sollen die Muskeln gedehnt werden, die im Hauptteil beansprucht wurden. Dazu zählen besonders die Beinmuskulatur sowie die Rücken- und Schultermuskulatur. Beim Dehnen sollten Sie deutlich eine Dehnspannung spüren. Halten Sie die Position etwa 20 Sekunden, atmen Sie ruhig und betonen Sie die Ausatmung und die Atempause. Mit den Dehnübungen verbessern Sie die Körperwahrnehmung und fördern die muskuläre Entspannung.

Für die Wadenmuskulatur

Ausgangsposition:
▲ Sie stehen mit hüftbreit geöffneten Beinen, die Füße sind parallel.

Übungsausführung:
▲ Führen Sie einen Fuß weit zurück, die Ferse berührt den Boden. Das vordere Bein ist gebeugt, das hintere Bein gestreckt.
▲ Neigen Sie den Oberkörper in Verlängerung des hinteren Beines leicht nach vorn. Spüren Sie die Dehnung in der Wadenmuskulatur.

Oberschenkelvorderseite

Ausgangsposition:
▲ Sie stehen mit hüftbreit geöffneten Beinen, die Füße sind parallel und die Knie leicht gebeugt.

Übungsausführung:
▲ Beugen Sie ein Bein, fassen Sie den Fuß und führen Sie die Ferse in Richtung Gesäß.
▲ Halten Sie beide Knie eng zusammen, ziehen Sie den Bauch ein und richten Sie das Becken auf. Spüren Sie die Dehnung in der Vorderseite des Oberschenkels.

Oberschenkelrückseite

Ausgangsposition:
▲ Hüftbreiter Stand, die Füße sind parallel.

Übungsausführung:
▲ Schieben Sie den rechten Fuß nach vorn, das Bein bleibt gestreckt.
▲ Beugen Sie das linke Bein und verlagern Sie das Gewicht, in dem Sie das Gesäß weit nach hinten schieben.
▲ Stützen Sie sich auf den Oberschenkeln ab, halten Sie den Rücken gerade. Spüren Sie die Dehnspannung in der Oberschenkelrückseite.

Rückenmuskulatur

Ausgangsposition:
▲ Hüftbreiter Stand, die Füße sind parallel, die Knie weich.

Übungsausführung:
▲ Die Hände berühren sich und werden von Brusthöhe aus nach vorn vor den Körper geführt. Der obere Rücken ist rund. Spüren Sie die Dehnung zwischen den Schulterblättern und im oberen Rückenbereich.

Brust- und Schultermuskulatur

Ausgangsposition:
▲ Hüftbreiter Stand, die Füße sind parallel, die Knie weich.

Übungsausführung:
▲ Lehnen Sie den rechten Unterarm am Türrahmen an.
▲ Der Körper wird soweit aufgedreht, bis eine deutliche Dehnspannung in der Brust und der Schulter spürbar ist.
▲ Wiederholen Sie die Dehnung auf der linken Seite.
▲ Diese Dehnung können Sie auch als Partnerübung durchführen.

Der Trainingsplan

Damit ein Training auch den gewünschten Effekt hat, sollte Ihr Plan auf Ihre Ziele abgestimmt sein und Ihre körperlichen Voraussetzungen berücksichtigen.

Für Einsteiger – so trainieren Sie richtig!

▲ Üben Sie regelmäßig. Zunächst zweimal pro Woche. Steigern Sie die Trainingsdauer, bevor Sie dann eine zusätzliche Einheit in Ihren Wochentrainingsplan einbauen.
▲ Verteilen Sie die Einheiten über die Woche, damit sich der Körper zwischen den Trainingseinheiten erholen kann. Bei drei Einheiten pro Woche üben Sie zum Beispiel montags, donnerstags und samstags.

Beispiel für einen Trainingsplan

	Trainings-häufigkeit	Dauer	Inhalt
Woche 1	2	20 Minuten	Warm-up, Vorübungen zur Arm- und Sprungtechnik, Einüben von Tricks, Cool-down, Dehnung
Woche 2	2	20 Minuten	Warm-up, Vorübungen zur Arm- und Sprungtechnik, Einüben und Kombinieren von Tricks, Cool-down, Dehnung
Woche 3	2	20 bis 30 Minuten	Wie Woche 2
Woche 4	2	30 Minuten	Wie Woche 2 und 3, zusätzlich mindestens einmal pro Woche Kräftigungsübungen ausführen
Woche 5	3	20 bis 30 Minuten	Warm-up, Vorübungen zur Arm- und Sprungtechnik, Einüben und Kombinieren von Tricks, Cool-down, Kräftigungsübungen, Dehnung
Woche 6	3	20 bis 30 Minuten	Wie Woche 5
Woche 7	3	30 Minuten	Warm-up, Einüben und Kombinieren von Tricks, Cool-down, Dehnung und Entspannung
Woche 8	4	20 bis 30 Minuten	Wie Woche 7, zusätzlich Kräftigungsübungen ausführen

▲ Die minimale Trainingszeit sollte 20 Minuten betragen. Wenn Sie an einem Tag nur 15 Minuten Zeit haben, dann nutzen Sie sie für Ihr Training. Ein kurzes Üben ist besser als gar kein Training!
▲ Beginnen Sie jedes Training mit dem Aufwärmen (siehe Seite 26 f.).
▲ Lernen Sie zunächst die Einsteigertricks (Seite 13 ff.).
▲ Achten Sie zu Beginn besonders auf die richtige Sprungtechnik (Seite 10).

Das Training für Fortgeschrittene

▲ Wenn Sie die Einsteigertricks beherrschen, sollten Sie die ab Seite 21 beschriebenen Tricks für Fortgeschrittene probieren.
▲ Bauen Sie Variationen wie Raumbewegungen, Rhythmusveränderungen oder unterschiedliche Seilschwungformen ein, um Ihre Trainingseinheit im Laufe der Zeit abwechslungsreicher zu gestalten und sich so immer wieder neu zu motivieren.
▲ Steigern Sie im Laufe der Zeit die Trainingsdauer oder erhöhen Sie die Anzahl der Trainingseinheiten pro Woche, um sich kontinuierlich zu verbessern.
▲ Weitere Herausforderungen bieten Partner- und Gruppenformen mit unterschiedlichen Seilmaterialien.